LETTRE

Adressée le 2 Mars 1857

A SON ALTESSE LE BEY DE TUNIS

PAR

LE GÉNÉRAL MAHMOUD BENAÏAD

LETTRE

Adressée le 2 Mars 1857

A SON ALTESSE LE BEY DE TUNIS

PAR

LE GÉNÉRAL MAHMOUD BENAÏAD.

Prince,

Ancien sujet de Votre Altesse, longtemps en débats d'intérêts avec elle, j'ai l'honneur de vous écrire aujourd'hui pour protester tout d'abord de mon profond respect et pour vous assurer de mon sincère et loyal dévoûment à Votre Altesse.

En même temps, Prince, je réclame de votre esprit sage et grand la faculté de discuter mes intérêts et de poursuivre la reconnaissance de mes droits contre Votre Altesse, avec la liberté et la franchise de l'homme confiant dans la justice; car la justice a prononcé désormais entre Votre Altesse et moi. Sa Majesté l'Empereur

1857

des Français, éclairé par le travail de la haute Commission instituée par lui, a rendu sa sentence le 30 novembre 1856. J'avais accepté cette sentence par le fait même de la sollicitation que nous avons faite en commun auprès de l'Empereur, pour qu'il devînt notre juge, et je m'y soumets. Je viens prier Votre Altesse de s'y soumettre, ce qu'elle a sans doute déjà déclaré au Gouvernement français.

La présente supplique a donc pour objet de présenter à Votre Altesse toutes mes réclamations, telles que la sentence rendue par Sa Majesté l'Empereur des Français me donne le droit de les formuler.

En premier lieu, je présenterai à Votre Altesse le tableau (pièce N° 1) fait avec le plus grand soin et la plus scrupuleuse exactitude, de toutes les sommes qui me sont dues par Votre Altesse, et de toutes celles que je dois selon les décisions de la sentence. Je ne discuterai rien dans cette supplique, qui deviendrait trop longue s'il fallait y établir des raisonnements et des justifications; je me bornerai à faire remarquer à Votre Altesse que, par respect pour l'illustre souverain qui a bien voulu se constituer juge entre nous, je n'ai rien inséré dans le tableau de ces comptes qui ne soit exactement conforme aux liquidations faites par la sentence du 30 novembre 1856; et pour le surplus, c'est-à-dire pour les sommes que la sentence n'a pas liquidées, qui ne soit conforme aux bases fixées par la sentence et aux titres et documents officiels qui se trouvent en mes mains.

Les résultats, Prince, sont ceux-ci :

Le débit de Votre Altesse pour les sommes et valeurs dont vous êtes reconnu débiteur envers moi, monte à. . . . .   44,206,840 piastres.

Le crédit pour les sommes que je dois à Votre Altesse monte à . . . .   17,637,204 piastres.

Ce qui produit en ma faveur une balance de compte de   26,569,636 piastres.

Je prie Votre Altesse, en considérant l'énormité de sa dette envers moi, de prescrire les mesures les plus propres à conduire dans un bref délai à la vérification de ces comptes et au paiement des 26,569,636 piastres.

Votre Altesse a répondu le 17 janvier dernier à la demande que M. le Consul général de France lui avait adressée d'une audience pour M. Mercier, mon mandataire à Tunis, que vous ne croyez pas M. Mercier fondé à vous demander cette audience, parce que vous aviez à Paris un agent spécial, chargé d'agir pour vos affaires avec moi. Je prends acte de cette réponse de Votre Altesse, en adressant par duplicata la présente supplique, le tableau de liquidation des comptes, et les autres pièces à l'appui, à votre agent spécial à Paris, M. le général Kehrédine, comme aussi je les adresse à Votre Altesse à Tunis, par les voies de M. le Consul général de France.

En les adressant à Votre Altesse directement à son palais de Tunis, j'obéis aux ordres du Gouvernement français, qui m'ont été transmis, le 19 décembre 1856, par M. le Ministre des Affaires étrangères (pièce N° 2), portant que Sa Majesté l'Empereur a décidé que ceux des comptes dont la sentence arbitrale, à défaut de production de documents suffisants pour leur liquidation, a dû se borner à poser les bases, devront être établis à Tunis. En même temps je me conforme aux désirs de Votre Altesse, en adressant toutes ces pièces, par duplicata, à son agent à Paris, M. le général Kehrédine.

La seconde partie de ma supplique, Prince, tient encore à l'exécution de la sentence du 30 novembre 1856, et à un point non moins essentiel que le premier. La sentence a reconnu que Votre Altesse avait agi selon son droit en prenant des mesures conservatoires sur tous mes biens et propriétés immeubles et sur mes meubles et créances; mais aussi elle juge que ces mesures ne sauraient justifier aucun acte de violence contre mes propriétés, et que votre Gouvernement me doit la réparation de tous les dommages matériels causés par ses agents à mes biens. Enfin, quand il ressort des comptes liquidés ou de ceux dont les bases de liquidation sont fixées que je suis créancier de Votre Altesse pour des sommes considérables, la sentence de l'Empereur juge que le séquestre mis par l'ordre de Votre Altesse ne doit plus subsister sur mes biens, « à plus forte raison, dit la sentence impériale, il est auto-« risé à réclamer à Son Altesse la remise de tous les objets, sommes et valeurs pro-« venant de ces biens, qui auraient été saisis ou reçus par le Gouvernement. »

Je vous demande, Prince, d'ordonner que tous mes biens, meubles, créances, marchandises, revenus, fruits et propriétés foncières, seront remis par vos agents et par tous détenteurs quelconques, aux mains de mon mandataire, M. Mercier, ou des gens désignés par lui.

Je suis certain, Prince, que cette restitution m'aurait déjà été faite par Votre Altesse, s'il n'existait auprès de vous des gens intéressés à vous cacher la vérité et à me nuire.

Pour la haute Commission qui a entendu tous les débats et qui a fait la longue et laborieuse instruction de nos procès, et pour S. M. l'Empereur, qui a jugé, il n'y a eu aucun doute, et il n'a été admis aucune équivoque sur ce point : « à plus forte « raison il est autorisé à réclamer à Son Altesse la remise de toutes les sommes et « valeurs provenant des biens séquestrés. »

C'est qu'en effet, Prince, tout ce qui a suivi le fait même du séquestre m'est étran-ger et a été de nulle considération aux yeux de notre juge impérial.

Le jugement du Schârâ n'existe pour moi que dans le jugement rendu à la fin de redjeb 1260 par le Schârâ sur le procès entre l'illustre Mohamed Benaïad, mon père, moi Mahmoud, et mes neveux Hamida et ses frères, fils d'Abdoul Rahman Benaïad, mon frère défunt.

Voici les faits, Prince, qui ont précédé ce jugement du Schârâ et ceux qui l'ont suivi :

Le 15 sfar 1246, j'ai signé avec mon frère Abdoul Rhaman une société générale et illimitée dans le présent et aussi dans l'avenir, pour la propriété en commun de tout ce qui nous appartenait de biens de toute nature et qui pourrait nous appartenir par la suite.

Après la mort de mon frère, procès s'est élevé entre ses enfants, représentés par Hamida, qui agissait en son nom et au nom de ses frères utérins d'une part, et moi d'autre part ; mes neveux me demandaient le partage de tous les biens communs à leur père et à moi : mon père Mohamed Benaïad intervint à ce procès, et le jugement du Schârâ de la fin de redjeb 1260, jugea que mon frère et moi, nous n'avions aucun droit aux biens que nous possédions ou que nous avions gagnés, parce que tout appartenait à notre père, comme étant le produit de capitaux qui étaient sa propriété, et dont nous nous étions servis.

A la date du 5 chaban 1260, mon père a reçu de moi tous les biens que le jugement précité lui attribuait comme propriété ; il m'a donné quittance et décharge pour l'exécution du jugement du Schârâ, de tout ce qui avait été gagné pendant l'association entre ses deux fils et de toutes les propriétés immobilières qui provenaient de lui, dont les titres étaient, soit au nom de notre père, soit au nom des deux frères Mahmoud et Abdoul Rahman, soit enfin au nom de Mahmoud seul.

Cette remise de tous ces biens à mon père et l'octroi de sa décharge et quittance finale ont eu lieu en présence du témoin Ahmed Ben Diaf, qui a signé l'acte, et qui ayant l'honneur d'être votre premier secrétaire, justifierait au besoin à Votre Altesse la sincérité de ces déclarations de mon père.

Par un second écrit du 11 chaban 1260, mon père m'a rendu maître et seul propriétaire de tout ce qui existait en ses mains en fait d'entreprises ou fermages avec le Gouvernement de Votre Régence, et il a reconnu que toute entreprise de ce genre devait continuer en mon nom, à mon profit, comme aussi à mes risques quant aux pertes.

Mes affaires ont prospéré par mon industrie, par mon travail et par mon intelligence autant que par la faveur divine, et j'ai donc acquis de grands biens.

Mon père, dont la magnificence était notoire dans le pays de Tunis, et qui a employé en grande partie sa fortune au service du Bey, soit dans la Régence, soit en ambassade en France, et qui a offert à votre illustre cousin et prédécesseur le don magnifique d'un navire à vapeur, le premier qu'ait possédé la marine tunisienne, a dépensé tout son patrimoine dans les différentes missions qu'il a remplies, si bien que j'ai été obligé de payer pour lui à des créanciers français un capital de deux millions de francs pour des diamants et autres objets.

Tous les biens que je possède dans la Régence de Tunis sont donc mes biens et propriétés personnels, et non les biens et propriétés provenant de mon père.

Ce seraient les biens et propriétés de mon père, que je les possèderais au titre d'héritage le plus légitime et le plus inattaquable de tous ; car, à la mort de mon père, j'étais son seul fils survivant, et par conséquent son seul héritier, suivant la loi de notre pays, à l'exclusion de mes neveux, enfants de mon frère Abdoul Rahman. C'est d'ailleurs ce que ce même Hamida Benaïad, l'aîné de mes neveux, a reconnu pendant plusieurs années qu'il est resté calme et plein de respect pour ma personne et pour mes droits légitimes de propriété, vigilant pour mes intérêts, et administrant mes biens ; car j'avais placé en lui ma confiance.

Il était mon oukil, administrant toute ma fortune, meubles, créances, marchandises et propriétés immobilières, quand Votre Altesse a frappé tous ces dits biens de séquestre. Sa correspondance prouve qu'il était mon oukil, veillant à mes intérêts, et ne prétendant aucun droit sur mes biens. Il m'écrivait : « Il a été rendu des « ordonnances de confiscation de la propriété de Menzel tout entière ; la propriété « nommée Abdoul Rahman a été également prise, ainsi que celle de Souissi, en un « mot, tout est perdu. Ben Zendah vient d'être arrêté, et, après lui avoir mis les

« menottes, on l'a jeté en prison pour le forcer à livrer toutes les sommes prove-
« nant de la vente des fruits. »

Dans cette même lettre, il protestait alors en mon nom, et disait au Cheick-El-
Kadi, qui voulait faire inventaire de mes biens : « Comment pouvez-vous entrer
« dans la maison d'un homme absent ! »

J'ai de lui de nombreuses lettres.

C'est lui que j'ai chargé de réclamer le premier contre cette mesure de séquestre;
et sous la date du 16 moharem 1271, il m'écrivait ce qui suit. Dites, Prince, si
cela peut se concilier avec la pensée qu'il pût avoir le droit de me disputer par un
titre quelconque, honnête et légal, la propriété de mes biens!

Il m'écrivait : « Nous avons informé précédemment Votre Seigneurie au sujet
« des titres qui sont séquestrés par notre Seigneur le Bey, et après que votre lettre
« nous est parvenue et que M. Mercier nous a réclamé lesdites pièces, nous nous
« sommes rendu auprès de Sidi Kasnadar, pour lui demander conseil... Son Excel-
« lence a répondu qu'elle ne connaissait rien; que son Altesse ayant séquestré,
« c'était une affaire entre vous et Son Altesse. J'ai rendu compte à M. Mercier fils
« de cette entrevue, et je l'ai engagé à en parler au Consul, pour que celui-ci se
« plaigne au Bey à ce sujet, afin que, si Son Altesse autorise la remise de ces pièces,
« je livre à M. Mercier ce que j'ai entre les mains; d'ailleurs, M. Mercier vous fera
« connaître tout ce qui est arrivé à cet égard.

« Signé : Hamida Benaïad. »

Certes c'était alors chez Hamida le ton du dévoûment et de la soumission conve-
nables chez un neveu, et rien ne pouvait faire pressentir la trahison qui a suivi, en
abusant de son nom.

Il est vrai que désormais on invoque contre moi un jugement du Schârâ, jugement rendu en faveur de Hamida, mais sans m'avoir jamais entendu, sans jamais
avoir provoqué ma défense, la défense de mon mandataire toujours présent à
Tunis... Ce jugement je ne le connais pas. Le document dont parle Votre Altesse,
dans sa lettre à M. Roches, Consul de France, du 19 moharem 1272, qui émanerait
de mon père, et qui établirait que mon père a mis Hamida aux lieu et place de son
fils Abdoul Rahman dans sa succession, ce document n'existe pas, il n'a jamais
existé, il n'est pas, il ne peut être vrai; c'est l'œuvre de l'imposture et de la
fraude, inventée par les mauvais conseils dont Votre Altesse est entourée. J'en ai la
preuve certaine. Prince, cette preuve a été soumise au procès suivi à Paris, et elle a
été accablante pour ceux qui abusent, loin de vous, du nom de Votre Altesse.

Mon neveu Hamida n'a jamais élevé aucune prétention sur mes biens d'aucune
nature; il a cédé à la fourberie et à la violence de mes ennemis, qui l'ont forcé à
élever de semblables prétentions contre son gré. Il m'a écrit les lignes sui-
vantes :

« J'ai appris qu'on a informé Votre Seigneurie que j'ai séquestré les papiers lui
« appartenant, sous prétexte de réclamer la succession de mon grand-père. Je suis
« étonné qu'on vous ai dit une pareille chose, et que vous l'ayez prise en considéra-
« tion, tandis que j'ai fait tant de démarches pour les affaires de Votre Seigneurie.
« *Ils ont fait tout ce qu'ils ont pu* pour obtenir de moi ce qu'ils veulent sur quelques
« points; mais jamais je n'ai voulu trahir Votre Seigneurie; et, malgré cela, vous
« croirez tout ce qu'on vous dira contre moi ! Pendant quatre jours ils se sont épui-
« sés de fatigue, en me disant de séquestrer ou de ne pas vous remettre vos papiers.
« Mais, moi, je leur ai répondu que je ne ferais point une pareille chose, attendu
« que je crains d'engager ma responsabilité. Je leur ai dit que, *si c'est pour avoir la*
« *propriété de mon grand-père, elle est entièrement sous mes mains, et que je ne dois*

« *rien réclamer là-dessus à mon oncle.* Malgré cela cependant, vous croyez tous les
« mensonges qu'on vous fait sur mon compte!... »

Vous le voyez, Prince, ce sont des imposteurs qui forcent par violence Hamida à
agir contre moi.

Je place Hamida sous la protection de Votre Altesse; car mes ennemis sont puis-
sants, et cette révélation qui découvre leurs trames ourdies sous le nom de Hamida
va mettre le comble à leurs colères et à leurs fureurs.

Votre Altesse est loyale et sincère dans ses intentions; mais elle est environnée de
gens qui sont devenus mes ennemis, parce qu'ils avaient spéculé sur ma ruine, et
qu'ils n'ont plus qu'à suivre les inspirations de leur haine et de leur dépit depuis
qu'ils voient, par la sentence de Sa Majesté l'Empereur des Français, que mes créances sont reconnues et que ma fortune est sauvée de la ruine. Ce sont ces gens,
Prince, qui aveuglent votre Altesse, et qui iraient jusqu'à la compromettre dans
l'opinion de la France, qui connaîtra bientot toute cette affaire; ils vous font faire
acte de violence et d'injustice; car, à l'heure qu'il est vos agents attaquent ce que
j'ai de plus cher à Tunis, mon propre fils, la mère de celui-ci, ils les enlèvent de ma
maison; ils forcent les portes de mes propriétés; ils brisent les fenêtres et les esca-
ladent; ils agissent à la honte d'un pays civilisé comme celui que gouverne Votre
Altesse, et ils vous font violer ouvertement la sentence de Sa Majesté l'Empereur
des Français, qui ordonne que tous les biens saisis et séquestrés contre moi me
soient rendus.

Prince, je vous demande justice de ces trahisons et de ces violences; je vous demande justice contre les faussaires qui abusent du nom et de la personne de mon
neveu Hamida; je vous demande, avec l'autorité de la sentence du 30 novembre
1856, la restitution de tous mes biens séquestrés.

Ma soumission à Votre Altesse est celle d'un ancien et loyal sujet ; mais j'ai des droits certains, des droits reconnus et jugés avec vous. Je mettrai à les défendre tout le respect que je vous dois, mais aussi tout le respect que je dois au jugement rendu par Sa Majesté l'Empereur des Français, et toute la force qu'il me donne.

Je suis, Prince, et j'ai toujours été votre respectueux

Général **BENAÏAD**.

Paris, le 2 Mars 1857.

Imprimerie Dubois et Vert, rue St-Denis, 376. — Maison passage du Caire, 77.

www.ingramcontent.com/pod-product-compliance
Lightning Source LLC
Chambersburg PA
CBHW061642050726
47595CB00007B/3277